AF328184

BIBLIOTHÈQUE D'ÉDUCATION NATIONALE

LES GRANDS FRANÇAIS

DANTON

PAR

F.-A. AULARD

*Ancien élève de l'École normale supérieure
docteur ès lettres, professeur à la faculté des lettres de Poitiers.*

AVEC PORTRAIT ET GRAVURES DANS LE TEXTE

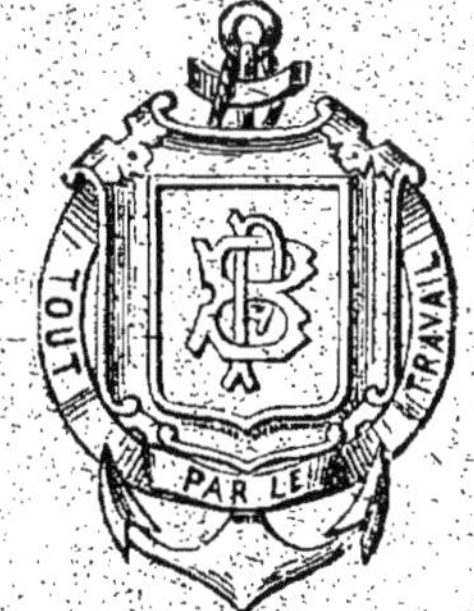

PARIS

LIBRAIRIE PICARD-BERNHEIM ET Cⁱᵉ

11, rue Soufflot, 11

DANTON

DANTON

« L'ennemi est à nos portes, et nous nous déchirons les uns les autres :
toutes nos altercations tuent-elles un Prussien ? »

COLLECTION PICARD

BIBLIOTHÈQUE D'ÉDUCATION NATIONALE

LES GRANDS FRANÇAIS

DANTON

PAR

F.-A. AULARD

Ancien élève de l'école normale supérieure
Docteur ès lettres
Professeur à la Faculté des lettres de Poitiers

AVEC PORTRAIT ET GRAVURES DANS LE TEXTE

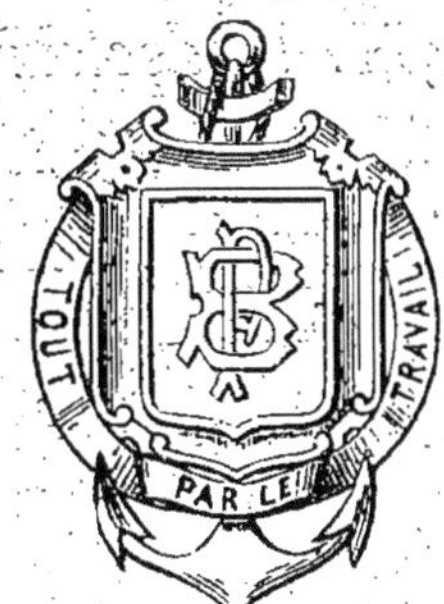

PARIS

LIBRAIRIE PICARD-BERNHEIM & Cⁱᵉ
11, rue Soufflot, 11

Picard-Bernheim & Cie

—————

Quoique toute érudition doive être bannie de cette collection destinée à la jeunesse, c'est cependant un devoir de rappeler ici ce qu'on doit à M. Bougeart et à M. le docteur Robinet qui ont réuni, avec tant de science, tous les documents nécessaires à la biographie de Danton.

DANTON

Si Danton était l'homme que les ennemis de la Révolution nous ont représenté, c'est-à-dire ignorant, débauché, vénal, sanguinaire, quelques services qu'il eût pu rendre au pays, malgré ses crimes et ses vices, sa vie ne mériterait pas d'être placée sous les yeux de nos jeunes lecteurs dans cette galerie des grands Français. Mais une étude impartiale nous fait voir, au contraire, que, parmi les héros de la Révolution française, nul ne fut plus moral, plus instruit, plus humain, plus pur d'argent, plus pur de haine.

A un génie oratoire plus original et plus français que celui de Robespierre et de Vergniaud, Danton joignit le génie créateur, qui manquait à ses deux illustres rivaux : il fonda, organisa, autant qu'il fut en lui, la France nouvelle, d'abord en surexcitant le patriotisme contre l'étranger, puis en prêchant, à l'intérieur, l'union de tous les patriotes sans distinction de partis, et en préparant, par sa sagesse, par son bon sens pratique, une République bien ordonnée dont sa mort retarda l'avénement de plus de trois quarts de siècle. Enfin, non moins irréprochable dans sa vie privée que dans sa vie publique, cet homme d'État fut, à tous égards, comme on va le voir, un véritable homme de bien.

I

ENFANCE ET ÉDUCATION DE DANTON

Georges-Jacques Danton naquit en 1759 à Arcis-sur-Aube, petite ville dont les habitants étaient alors renommés en Champagne par leur activité, leur sagesse et leur esprit d'indépendance : ils s'accommodaient mal de l'ancien régime et, tout en obéissant aux lois, résistaient fièrement au despotisme de leurs seigneurs. La famille de Danton ne manquait ni d'aisance ni d'instruction. Son père était procureur au bailliage d'Arcis. Il n'eut pas la joie d'être témoin de la gloire de son fils : il mourut en 1762, et Danton fut élevé par son grand-père, entrepreneur des ponts et chaussées de la province de Champagne, et surtout par sa mère, femme distinguée et bonne, qui chercha à discipliner son caractère assez vif sans énerver sa volonté et qui se fit obéir avec amour du moins docile de ses quatre enfants. Toute sa vie, l'homme d'État adora sa mère comme il adorait la France : ces grands patriotes de la Convention étaient tous de bons fils.

Sa première enfance fut, pour ainsi dire, confiée à la nature, selon le goût du temps et l'usage du pays. Nourri par une vache, il prit ses premiers ébats au milieu des animaux, dans les champs. C'est ainsi qu'un double accident le défigura pour la vie : un taureau lui enleva, d'un coup de corne, la lèvre supérieure. Il s'exposa de nouveau, avec insouciance : un second coup de corne lui écrasa le nez. Plus tard, la petite vérole le marqua profondément. De là vint sa laideur si visible, mais que faisaient oublier des yeux pleins de feu, un grand air d'intelligence et de bonté.

Les exercices physiques tinrent une grande place dans son éducation, pour laquelle sa mère s'inspirait sans doute des plus sages préceptes de Jean-Jacques Rousseau. Ainsi il était passionné pour l'escrime, la paume et surtout pour la natation. Dans les premières années de son séjour à Paris, il étonnait ses camarades par son adresse à traverser les courants les plus difficiles de la Seine, et il sauva plus d'un imprudent nageur. « De l'endroit même où ils prenaient leurs ébats, dit un contemporain, on voyait les tours de la Bastille, et plus d'une fois les baigneurs ont entendu Danton, dressant sa tête comme un triton, jeter une menace du côté de la prison d'État, et s'écrier de sa voix vibrante : *« Ce château-fort suspendu sur notre tête m'offusque et me gêne. Quand le verrons-nous abattre ? Pour moi, ce jour-là, j'y donnerais un fier coup de pioche ! »*

L'éducation intellectuelle de Danton ne fut pas moins soignée que son éducation physique : c'est ainsi que se développèrent en lui, par l'équilibre de toutes ses facultés, une bonne humeur, une gaieté cordiale qui ne l'abandonnèrent jamais aux heures les plus critiques.

Mais son instruction n'alla pas sans encombre. Sa personnalité franche et forte se prêta mal à la discipline hypocrite et brutale qui était alors de mise dans les écoles. On le confia d'abord à une institutrice qui voulut lui apprendre l'alphabet à coup de verges : Danton aima mieux aller barboter dans l'Aube. A huit ans, il passa dans une classe de grammaire latine, mais n'y put perdre ses habitudes d'école buissonnière. Ses parents le mirent alors au petit séminaire de Troyes, quoiqu'ils ne le destinassent point à l'état ecclésiastique : il s'y fit aimer de ses camarades et détester de ses maîtres, à cause de l'indépendance de son caractère. On le surnommait *l'anti-supérieur*, le *républicain*. Aux vacances, il fit à sa mère l'aveu de ses répugnances pour cette éducation cléricale : « Il y a là, disait-il, des habitudes qui ne me vont pas, et que je ne pourrai jamais comprendre. »

Madame Danton le mit alors dans une pension laïque de Troyes, dont les élèves suivaient les cours du collège de cette ville, tenu par des Oratoriens. Danton y finit ses classes, sans s'habituer à une discipline surannée. Un jour, en rhétorique, le régent donna l'ordre à un élève d'aller en sixième chercher la férule afin d'en être frappé. Tous ces jeunes gens de seize à dix-huit ans furent indignés. L'un deux raconta depuis que Danton fut le premier à faire entendre sa voix, déjà sonore, contre l'absurde exigence du maître : celui-ci dut y renoncer et, bientôt, quitter sa chaire.

Cependant le jeune tribun travaillait : ses études, passables en troisième et en seconde, furent brillantes en rhétorique. Il lisait avec passion Tite-Live et les historiens romains. Il y puisait, comme tant d'autres alors, des instincts généreux et républicains. Son style était déjà original. « Il s'exerçait (dit un de ses camarades, celui auquel nous empruntons tous ces détails) à chercher des mots énergiques, des tournures hardies, des expressions nouvelles. » Quand il lisait ses discours français, le maître et les élèves ne pouvaient s'empêcher d'applaudir.

En juin 1775, ses camarades et lui eurent à décrire, en composition française, le sacre de Louis XVI, qui allait avoir lieu. Avant de rédiger son devoir, Danton voulut voir la cérémonie même, afin d'en faire un récit véridique. A ce souci littéraire se joignait je ne sais quelle curiosité dédaigneuse : « Je veux voir un roi, disait le jeune Romain, je veux examiner comment on fait un roi. » Il alla donc à Reims, vit tout le détail du sacre, en déplora le luxe si coûteux pour le peuple et entendit le successeur de Louis XV prêter un serment suranné et mystique, où il était question des intérêts de l'église catholique et non des droits de la nation. Le rhétoricien revint à Troyes la tête pleine de sentiments nouveaux, et l'esprit déjà tourné vers la politique.

II

DANTON AVANT 1789.

Sorti du collège, Danton donna à sa mère une preuve de sa tendresse pour elle. Madame veuve Danton, qui, nous l'avons vu, était demeurée seule avec une nombreuse famille, se remaria, probablement après la mort de M. Camut, son père, avec un négociant nommé M. Recordin, dont la bonté est restée proverbiale dans le pays. Les affaires de M. Recordin se trouvèrent embarrassées : loin d'exiger ses comptes de tutelle, Danton mit à la disposition de son beau-père tout ce qui lui revenait de son père, et tout ce qui devait lui revenir de ses tantes.

Un de ses oncles, curé de Barberey, près de Troyes, voulut alors le faire entrer dans les ordres, et voyait déjà, dans le brillant rhétoricien, son propre successeur. Mais Danton n'avait pas la vocation ecclésiastique. Il alla faire son droit à Paris, tout en remplissant les fonctions de clerc chez un procureur, se fit recevoir avocat à Reims, revint à Paris et y débuta comme défenseur d'un berger contre le seigneur de son village (1785). Il gagna sa cause, reçut les félicitations de ses plus illustres confrères, les Gerbier, les Debonnière, les Hardouin, mais ne s'enrichit pas avec ses plaidoiries. « Car il recherchait, dit un de ses amis, la clientèle du pauvre autant que d'autres recherchaient la clientèle du riche. Il pensait qu'en thèse générale le pauvre est le plus souvent l'opprimé, qu'ainsi il a le droit de priorité à la défense. »

Danton se trouvait donc assez gêné: mais il ne voulait pas faire de dettes. « Il était fort rangé, dit le même contemporain, toujours avec une petite réserve d'économie qui lui permettait de rendre des services sans en demander lui-même. » Il vivait sobrement : ses plaisirs consistaient dans la lecture et, de temps à autre, dans le spectacle d'une tragédie classique au Théâtre-Français.

En 1787, il acheta une charge d'avocat aux conseils du roi et épousa une jeune fille d'une honnête bourgeoisie, non sans beauté ni sans fortune. Ce fut un ménage heureux, et, tant qu'elle vécut, madame Danton exerça sur son mari la plus sage influence; elle ne lui donna pas seulement cette paix domestique où il venait se reposer de la bataille révolutionnaire : elle l'encouragea aussi, elle l'affermit dans ses opinions et dans sa conduite politique, en partageant son ardeur généreuse et sa noble modération.

Les deux années qui suivirent le mariage de Danton furent les plus calmes et les plus prospères de sa vie. Sa charge lui rapportait environ vingt-cinq mille francs par an, somme qui aujourd'hui en vaudrait au moins le double. Ce n'est donc pas la pauvreté qui précipita Danton dans la politique, comme l'a voulu la calomnie: il n'eut à écouter, pour entrer dans la Révolution, que la voix de sa raison et le cri de son cœur.

III

CARACTÈRE DE DANTON

Mais avant d'esquisser la tragique et glorieuse carrière de Danton, il faut dire un mot de son caractère, de ses goûts, de son éducation oratoire et politique avant 1789. C'était une nature énergique, violente même, dont l'exubérance fougueuse étonnait au premier abord. Mais cette fougue se connaissait, se modérait, se raisonnait au besoin, et, en somme, se tournait toujours au bien. Depuis longtemps Danton avait su se discipliner et devenir maître de ses passions. Sa mère, puis sa femme, l'y avaient aidé, sans doute ; mais c'est surtout sa propre volonté, éclairée et fortifiée par les exemples des grands Romains, par les leçons de la philosophie, qui avait opéré cette réforme merveilleuse.

A voir cette figure ravagée, à entendre cette parole parfois brusque, cette gaieté souvent gauloise, des observateurs superficiels ou prévenus s'imaginaient un fanfaron grossier, libertin, crapuleux. Rien de plus faux que ces suppositions : cet homme de famille et de foyer vécut avec pureté et modestie, sans autre amour que celui de sa femme, sans autres plaisirs que ceux qu'il partageait avec les siens.

Ajoutons que, bon camarade au collège, il resta tel toute sa vie avec ses amis. Il avait le culte de l'amitié et le don, si précieux, de la cordialité : sa joie était de réunir à sa table ses condisciples, ses compagnons de lutte. Son grand cœur s'ouvrait à des sentiments plus larges encore : il aimait ses concitoyens, la vue du peuple le réjouissait. Durant les courts séjours qu'il fit à Arcis, dans sa maison natale qui donnait sur la place principale, il se plaisait à dîner fenêtres ouvertes, à la vue de tous, non par ostentation, mais par bonhomie et fraternité.

Loin de haïr ses ennemis, il ne pouvait pas leur garder rancune : il avait toujours la main tendue vers ceux qui l'insultaient le plus grièvement, vers les Girondins comme vers les Robespierristes. Il ne voyait que la patrie, l'humanité. Les autres le comprenaient mal : ils cherchaient à expliquer par de bas calculs ce patriotique oubli des injures. La vérité n'éclata que plus tard. Quelqu'un disait un jour à Royer-Collard, qui avait connu Danton, mais qui n'aimait pas sa politique : « Il paraît que Danton avait un beau caractère. » « dites MAGNANIME, monsieur ! » s'écria le froid doctrinaire avec un enthousiasme mal contenu.

On a dit que Danton avait trafiqué de sa conscience et s'était vendu à la cour. Il faut réfuter cette accusation qui, si elle était vraie, déshonorerait avec Danton la Révolution elle-même. Où prit-il, dit-on, les 80,000 francs avec lesquels il paya sa charge d'avocat aux conseils? Voici où il les prit. Grâce à une action hypothécaire de 90,000 livres que ses tantes lui donnèrent sur leurs biens, il put emprunter loyalement à diverses personnes, notamment à son futur beau-père. Mais, le jour de son mariage, il toucha en espèces la moitié de la dot de sa femme, soit 20,000 francs; il avait

15,000 francs en argent, provenant d'un reli-
quat de patrimoine, et 12,000 francs en terres;
enfin, il fut remboursé d'une créance de 12,000
francs qu'il avait achetée avec sa charge;
total : 59,000 francs. Il lui restait à trouver
21,000 francs pour se libérer complètement.
Or, il paya son office en plusieurs fois et son
dernier payement n'eut lieu que longtemps après
son entrée en fonctions, le 3 décembre 1789. Put-
il économiser cette somme en deux ans et
demi sur le revenu annuel de sa charge que
tout le monde évalue à 25,000 francs environ ?
En d'autres termes, sur soixante-deux ou
soixante-trois mille francs qu'il gagna dans ces
trente mois, put-il, avec ses goûts simples,
économiser 21,000 francs ? Poser la question,
n'est-ce pas la résoudre ?

Ceux qui veulent à tout prix que Danton
soit un malhonnête homme affirment qu'en
1791, lors de la suppression de ces offices d'avocats aux conseils, il fut remboursé deux fois :
une première fois par la nation, légalement;
une seconde fois par le roi, secrètement. Certes,
le roi aurait bien mal placé son argent : car

Danton ne cessa d'agir en franc révolutionnaire. Mais on objecte qu'à l'infamie de ce marché scandaleux, Danton put ajouter celle de manquer de parole à son corrupteur. Et sur quoi l'accuse-t-on de cette double perfidie ? Sur ce qu'il acheta quelques biens nationaux. Mais quand il fut remboursé de l'argent que lui avait coûté sa charge, il n'avait pas de dettes et il avait même pu faire des économies sur les 50,000 francs qu'il gagna pendant les deux dernières années qu'il fut avocat aux conseils. Voilà donc les dépenses de Danton expliquées, contrôlées. Ces choses ont été dites déjà. Mais la passion politique ne veut rien entendre : il est nécessaire à de certaines gens que l'homme d'État de la Révolution soit un gredin, un vendu.

Il y a aussi une légende sur l'ignorance de Danton. A entendre les ennemis de la Révolution, le célèbre orateur n'était qu'une sorte de paysan mal dégrossi, sans culture, sans lettres. Vous avez vu qu'il fit, au contraire, de bonnes études et qu'il brilla en rhétorique. Mais ce savoir de collège ne lui suffit pas. En faisant son droit, il étendit ses connaissances générales. Il

apprit l'anglais et le sut assez pour converser
familièrement dans cette langue. Il apprit l'ita-
lien et lut Dante. On a le catalogue de sa bibliothèque : le choix de ses livres dénote la
culture la plus variée. Il était passionné pour
la lecture; il possédait tous les philosophes
du xviiie siècle et il y avait en lui quelque chose
de l'âme de Diderot. Par dessus tout, il aimait
Corneille, et il se rencontre, en effet, je ne sais
quoi de cornélien dans son éloquence et dans
sa vie.

Ses études classiques lui étaient encore
assez présentes en 1787, pour qu'il pût se tirer
avec honneur d'une épreuve aussi difficile
qu'imprévue. Les avocats aux conseils, ses collègues, en l'installant, lui demandèrent mali-
cieusement d'improviser séance tenante un
discours en langue latine sur la situation morale
et politique du pays dans ses rapports avec la
justice. Danton n'hésita pas : il prononça une
harangue toute cicéronienne où il épouvanta les
plus âgés de ses auditeurs par la condamnation
du despotisme et l'annonce d'une révolution
prochaine. Son savoir égalait son patriotisme.

Mais ce savoir, si solide et si varié, ne fit pas de Danton un pédant et cette connaissance du passé ne détourna jamais ses yeux du présent et de l'avenir. S'il avait fait de bonnes études latines, il préférait les penseurs modernes aux écrivains antiques, et il lisait plus volontiers les Anglais, les Italiens et les Français que les Grecs et les Latins. Ses rivaux en éloquence abusaient des citations classiques et des allusions mythologiques. Chez Danton, l'homme de goût était d'accord avec le politique pour bannir ces oripeaux de collège : sa langue est française et moderne. D'autres ne vivaient par la pensée qu'à Rome, à Sparte : la République de Danton n'est pas une résurrection du passé, une exhumation érudite ; née du présent, elle y vit, les yeux tournés vers l'avenir. Mais nous ferons mieux comprendre la politique de Danton en racontant sa carrière révolutionnaire.

IV

DANTON AVANT LE 10 AOUT 1792

La carrière de Danton avant le 10 août 1792 peut se raconter brièvement, car il n'entra en scène et ne fut au premier rang qu'assez tard.

Pendant les deux premières années de la Révolution, il se borne à une propagande restreinte au quartier du Théâtre-Français (aujourd'hui Odéon) où il habite. Mais il prend de l'influence au club des Cordeliers, composé de patriotes ardents et audacieux. Président de son district, il se signale par des arrêtés vigoureux et propres à inspirer confiance au peuple. En février 1791, il devient, par l'élection, un des administrateurs du département de Paris, et il commence à jouer un rôle important, à parler

dans ce club des Jacobins où se trouvait comme
le foyer de la Révolution.

La France faisait alors l'essai de la monarchie
constitutionnelle: pour éviter un changement
trop brusque, on tâchait de concilier la Révolution
avec la Royauté. Louis XVI jura d'être fidèle aux
institutions nouvelles : on crut à son serment, on
l'acclama, on l'aima. Mais l'amour de la nation
ne lui suffisait pas : il regrettait secrètement son
ancien despotisme; sa femme surtout, autrichienne
de naissance et élevée dans le mépris du peuple,
le poussait à trahir sa parole. Le 12 juin 1791, ce
monarque, faible et sournois, s'enfuit sous un
déguisement dans la direction de la frontière
de l'Est. Il voulait rejoindre les troupes, en
partie étrangères, que commandait Bouillé, et,
avec ces baïonnettes, faire rentrer la France
sous le joug. En partant, il laissait une procla-
mation où il se démasquait.

Vous savez comment on l'arrêta à Varennes,
pour le ramener de force à Paris ; mais on le
laissa sur le trône, on lui demanda de nouveaux
serments et on fit semblant d'y croire. Quelle
politique insensée! Danton fut un des rares

Français qui comprirent dès lors que le fugitif
de Varennes ne pouvait plus être le roi de la
Révolution. Aux Jacobins, il demanda l’inter-
diction de Louis XVI, « aimant mieux, disait-il,

Louis XVI arrêté à Varennes durant sa fuite.

le supposer imbécile que criminel ». Un conseil
élu aurait administré la France. C’était la République.

L’idée de Danton n’eut alors aucun succès ;
on ne croyait pas encore pouvoir vivre sans

roi. Mais chaque jour les fautes et les mensonges de Louis XVI montrèrent l'incompatibilité de la France nouvelle avec une royauté qui se prétendait divine. Le nombre des républicains s'accrut. Le 17 juillet, malgré Robespierre, un grand nombre de Parisiens allèrent signer une pétition anti-royaliste sur l'autel de la Patrie, au Champ-de-Mars. Les partisans de la cour répondirent à coups de fusil et firent un massacre horrible de cette foule inoffensive où se trouvaient beaucoup de femmes et d'enfants.

Quant à Danton, décrété de prise de corps, il dut s'enfuir à Arcis et s'y cacher. Il ne reparut à Paris que deux mois plus tard, quand l'opinion fut devenue plus forte que la cour. En novembre 1791, les électeurs parisiens le nommèrent substitut du procureur de la Commune, et, dans son discours d'installation, il se posa en défenseur de la constitution contre le roi qui la trahissait : « J'ai consacré, disait-il, ma vie tout entière à ce peuple qu'on n'attaquera plus, qu'on ne trahira plus impunément, et qui purgera bientôt la terre de tous les tyrans, s'ils ne renoncent pas à la

ligue qu'ils ont formée contre lui. Je périrai,
s'il le faut, pour défendre sa cause. »

Au commencement de l'année 1792, une
grave question divisa l'opinion : la France
devait-elle déclarer la guerre à la coalition
monarchique qui se formait contre elle ? Les
Girondins tenaient pour l'offensive; ils voulaient
ainsi déconcerter l'ennemi et répandre dans
toute l'Europe les principes de 89, afin de nous
gagner les cœurs des peuples. Robespierre,
esprit étroit et timoré, combattait avec achar-
nement, aux Jacobins, les partisans de la
guerre, sous prétexte qu'il n'était pas prudent
de laisser au roi la direction de cette guerre.
Danton, fort sensément, voulait qu'on déclarât la
guerre, mais qu'on ne la déclarât qu'après
avoir mis le roi dans l'impossibilité de trahir.
Il ne perdait pas de vue son but suprême, la
destruction de la royauté; mais il ne devait
l'atteindre qu'au 10 août. Alors seulement la
majorité des patriotes fut convaincue de la nécessité de renverser violemment un roi qui trahissait la Révolution et la France par ses intel-
ligences avec l'ennemi.

Oui, du cabinet de Louis XVI partaient des avis qui mettaient l'Allemand dans la confidence de nos plans de défense nationale! Le roi de France fournissait lui-même à l'étranger les moyens de vaincre l'armée de la France! Le peuple devina ces intrigues, se porta aux Tuileries, et, au prix de son sang, en délogea la royauté.

Danton avait été le principal organisateur de cette insurrection célèbre : aussi fit-il partie, comme ministre de la justice, de la commission exécutive à laquelle l'Assemblée confia le gouvernement. Il en fut même le membre le plus actif, le plus populaire. A ce titre, il eut à fonder la République et à défendre la France contre l'invasion. Ici commence la période la plus glorieuse de sa vie politique.

V

DANTON ORGANISATEUR DE LA RÉPUBLIQUE

En fait, Danton fut le chef du gouvernement français depuis le 10 août 1792, jour de la chute de la royauté, jusqu'à la fin de septembre de la même année, époque où il remit sa démission à la Convention nationale.

De quels périls le vaillant patriote n'eut-il pas à sauver la France, également menacée par l'invasion et par l'anarchie! Le 13 août, c'est Lafayette, qui, oubliant son passé glorieux, adresse à son armée un ordre du jour factieux; puis, décrété, il émigre. Le 24, c'est la Vendée royaliste et catholique qui se lève contre la France aux cris de *Vive le roi! Mort aux Parisiens!* Le 23, ce sont les Autrichiens qui, grâce à une trahison royaliste, prennent un des boulevards de la France, la place de Longwy. La trahison est partout. Le parti royaliste, dispersé au 10 août, mais non détruit, menace les patriotes des vengeances des alliés et destine tous les Jacobins à la potence. Le 2 septembre, le roi de Prusse prend Verdun : quelques jours de marche le séparent à peine de Paris.

A l'intérieur, c'est l'antagonisme effrayant de deux pouvoirs, la Commune insurrectionnelle, qui a fait la révolution du 10 août, et l'Assemblée qui l'a subie. La commission exécutive, tiraillée entre ces deux influences, menace de se diviser.

Que fait Danton ? Il risque sa tête pour empêcher une rupture complète entre la Commune et l'Assemblée, rupture qui eût perdu la France. Dès le 11, après avoir prêté serment comme ministre, il donne satisfaction à la Commune en glorifiant la victoire des patriotes, et en même temps il rassure l'Assemblée en déclarant que les vengeances populaires doivent cesser. Il tremblait que le peuple de Paris ne souillât sa victoire par des représailles sanglantes et, comme il n'y avait plus de tribunaux, ne se fît justice lui-même. Aussi contribua-t-il à la création et à l'organisation du tribunal criminel du 17 août 1792, destiné à juger les conspirateurs royalistes. Mais, hélas! il était trop tard : cette sage institution ne rendit pas le calme aux cœurs inquiets et l'aveugle colère des Parisiens salit un instant la Révolution par les massacres des 3, 4 et 5 septembre.

Que se passa-t-il donc alors qui pût être imputable à Danton ?

Le 2 septembre, sous le coup de nouvelles terribles, la Commune ordonne la formation d'une armée parisienne de 60,000 hommes. Ces volontaires, farouches et héroïques, n'entendent parler, au moment de marcher à l'ennemi, que de conspirations royalistes, que de pièges secrets, que de trames ourdies contre la Révolution. « Laisserons-nous derrière nous, se demandent-ils, nos plus mortels ennemis prêts à égorger nos femmes et nos enfants ? » Cependant le tocsin sonne sans relâche : les cœurs se troublent, les têtes s'égarent. Danton voit le danger et s'écrie que ce tocsin n'est point un signal d'alarme : « C'est, dit-il, la charge sur les ennemis de la patrie. Pour les vaincre, il vous faut de l'audace, encore de l'audace, toujours de l'audace et la France est sauvée! » Il voulait tourner contre les Prussiens ces épées déjà tirées. Il était trop tard : une bande de fanatiques exerçait déjà une justice plus que sommaire sur les royalistes enfermés dans les prisons.

Les esprits étaient si désorientés qu'on laissa faire et qu'on ne comprit qu'ensuite la honte de cette vengeance, que les Girondins excusèrent d'abord, justifièrent presque. Les collègues de Danton voulaient fuir, se retirer dans le midi : Danton contint sa douleur, resta ferme à son poste, et y retint le faible Roland. Fallait-il, à cause de ces faits, si déplorables qu'ils fussent, renoncer à la Révolution et, pour ainsi dire, à la France ?

Plus tard, les Girondins, pour perdre Danton, lui attribuèrent la responsabilité de massacres, que, seul, il avait prévus et tenté de prévenir. Il dédaigna ces calomnies ; il ne songea qu'à la France ; il tendit la main à ces dénonciateurs passionnés, il leur offrit de s'unir à lui pour servir la patrie. Ils repoussèrent ces avances loyales, quoiqu'ils aimassent, eux aussi, la Révolution ; mais ils écoutaient trop les rancunes de Mme Roland, dont l'âme, pourtant haute et républicaine, ne savait pas oublier les injures.

C'est donc avec des mains pures du sang de septembre, que Danton travailla au grand œuvre de la défense nationale.

Il apparaît comme l'organisateur de ce grand mouvement patriotique qui souleva la France, en septembre 92, contre l'invasion. Oui, c'est la parole de Danton qui souffla au cœur des volontaires l'ardeur de vaincre ou de mourir, et son âme passa dans les éloquentes proclamations de la Commune de Paris. Dans ce mois si triste et si glorieux, il est la personnification de la patrie en danger.

Et ce rôle d'orateur ne lui suffit pas : il est l'homme d'État de la Révolution. Il empêche les partis d'en venir aux mains. A force de prêcher la concorde, il retarde l'éclosion des luttes fratricides. Il donne aux Français l'illusion sainte de croire un instant que tous leurs cœurs battent à l'unisson : de cet accord sublime est

sortie, quoi qu'en ait dit le pédantisme, la victoire de Valmy (Marne), qui changea la fortune
et sauva la Révolution.

Bataille de Valmy, remportée le 20 septembre 1792, par Dumouriez,
sur le roi de Prusse et sur les meilleures troupes de l'Europe.

Le 21 septembre, la Convention se réunit.
Danton en fait partie. Il lui faut se démettre de
ses fonctions de ministre de la justice, qui étaient
incompatibles avec celles de représentant du
peuple. En le faisant, il expose son programme
politique, qui est déjà celui d'un homme d'ordre,

d'un homme de gouvernement. Il faut, dit-il,
que l'agitation populaire se calme, maintenant
que la royauté n'est plus; il faut que le règne
de la justice commence; il faut « que toutes
les propriétés territoriales, individuelles et in-
dustrielles soient éternellement maintenues. »
Déjà il présente la République comme le gouvernement le plus propre à concilier l'ordre
avec le progrès, les intérêts matériels avec les
aspirations désintéressées.

Le 22 septembre, ce cri sort de son cœur :
« Surtout, épargnez le sang des Français ! »
Le 25, les Girondins, aveuglés par leurs pré-
ventions, lui reprochent d'aspirer à la dictature.
Il répond avec énergie et franchise. Il désavoue
hautement Marat, ce malade sanguinaire, et se
défend d'être exclusivement député de Paris :
« Aucun de nous, dit-il, n'appartient à tel ou
tel département : il appartient à la France entière. » Et il en vient ainsi à son thème favori :
il faut rester unis, supprimer ces rivalités entre
Paris et la province, entre la droite et la gauche
de l'Assemblée : « Ce ne sera pas sans frémir,
s'écrie-t-il, que les Autrichiens apprendront

cette sainte harmonie : alors, je vous le jure, nos ennemis seront morts ! »

Là dessus la Convention, enthousiasmée, décrète à l'unanimité que la République française est *une et indivisible*.

Ce décret accrut la confiance et doubla l'élan de la nation. La Savoie et Nice tombent en notre pouvoir. Lille résiste héroïquement aux bombes autrichiennes. Enfin, le 30 septembre, le général Custine s'empare de Spire. Le cœur de Danton tressaille de joie : déjà il voudrait qu'on déclarât que la patrie n'est plus en danger, tant il a confiance dans la fortune de la France, tant il lui tarde d'organiser un gouvernement régulier.

Ces préoccupations vraiment conservatrices percent encore plus nettement dans un autre discours où il disait : « Attachons-nous à ce principe que les lois, quelles qu'elles soient, devront être exécutées par provision, comme lois absolues, sous peine d'une anarchie perpétuelle et de la dissolution de la République. »

Le 1er décembre, la Convention envoya Danton en Belgique, en qualité de commissaire de la nation, avec son collègue Lacroix. Le général

Dumouriez, au lieu de tourner les victoires de la
République au profit des patriotes belges, sem-
blait favoriser de préférence les financiers, les
aristocrates. Danton eut à déjouer les intrigues
de ce faux républicain et à rassurer ces démo-
crates, alors nos amis, nos frères.

Il revint à Paris à temps pour prendre part
au jugement de Louis XVI. Il vota la mort, sans
sursis. Il pensa, avec la majorité de la Convention, que celui dont les avis secrets avaient
guidé l'étranger en France, méritait la peine
capitale. Etait-il juste de mettre à mort un
ennemi politique, même traître? On ne se posait
pas alors cette question que la Révolution
de 1848 devait résoudre heureusement en ren-
versant l'échafaud politique.

En 93, une nation luttait pour sa vie; son chef
la trahissait, elle se crut en droit de le tuer.
Gardons nos larmes pour les héroïques volontaires qui périrent à Valmy et à Jemmapes !

Ainsi, c'est d'une conscience calme que Danton se remit à sa tâche patriotique, à la défense
nationale. Il voulait la réunion de la Belgique
à la France, réunion demandée par les patriotes

belges. « Ainsi, disait-il, nous aurons des hommes, des armes de plus. » Et il repartit pour la Belgique, afin de préparer cette annexion en favorisant le peuple contre les nobles et les prêtres.

A son retour, en février 1793, il reçut un coup terrible : Mme Danton était morte peu de jours après lui avoir donné un fils. L'admirable femme savait combien la vie de famille était nécessaire à son mari et, à ses derniers instants, elle avait exprimé le désir qu'il se remariât, lui désignant elle-même une jeune fille aimable et pauvre, qu'il épousa bientôt. Hélas ! en ces temps terribles les semaines étaient des années !

La seconde Mme Danton, dévote à l'excès, ne comprenait pas, comme la première, la beauté de la Révolution. La réaction se trouva ainsi installée au foyer de Danton : mais s'il livra son cœur, il ne laissa pas entamer sa raison et il se raidit plus que jamais pour la lutte.

Cependant les victoires mêmes de Dumouriez l'avaient affaibli, compromis, en l'entraînant du côté de la Hollande. L'ennemi envahissait la Belgique et coupait la retraite à l'armée française.

La situation redevenait sombre, presque déses-
pérée.

Mais voici que Danton inspire à la Convention, à la Commune de Paris une énergie
sublime, une activité dévorante. Il veut que des
Conventionnels aillent en personne aux armées.
« Qu'ils partent ce soir, cette nuit même; qu'ils
disent à la classe opulente : Il faut que l'aristo-
cratie de l'Europe, succombant sous nos efforts,
paye notre dette, ou que vous la payiez. Le
peuple n'a que du sang, il le prodigue. Allons,
misérables, prodiguez vos richesses. Voyez,
citoyens, les belles destinées qui vous attendent.
Quoi, vous avez une nation entière pour levier,
la raison pour point d'appui, et vous n'avez pas
encore bouleversé le monde ! »

Et il s'indigne qu'en présence de l'ennemi il
y ait encore des partis. « Vous qui me fatiguez
de vos contestations particulières, au lieu de
vous occuper du salut de la République, je vous
répudie tous comme traîtres à la patrie ! » A
ceux qui lui reprochaient stupidement les jour-
nées de septembre, il répondait :

« Eh ! que m'importe ma réputation ! Que

la France soit libre et que mon nom soit
flétri ! »

« On paraît craindre, ajoute-t-il, que le dé-
part des commissaires affaiblisse l'un ou l'autre
parti de la Convention. Vaines terreurs ! Portez
votre énergie partout. Le plus beau ministère
est d'annoncer au peuple que la dette terrible
qui pèse sur lui sera desséchée aux dépens de
ses ennemis, ou que le riche la payera avant
peu. La situation nationale est cruelle ; le signe
représentatif n'est plus en équilibre dans la cir-
culation ; la journée de l'ouvrier est au-dessous
du nécessaire ; il faut un grand moyen correctif.
Conquérons la Hollande ; ranimons en Angle-
terre le parti républicain ; faisons marcher la
France et nous irons glorieux à la postérité.
Remplissez ces grandes destinées ; point de débats ; point de querelles, et la patrie est sauvée. »

Mais avant de lancer tout le peuple aux frontières, Danton craint de voir se renouveler les
inquiétudes qui ont rendu possibles les massacres, et, dans une profonde pensée politique, il
fait décréter (10 mars 1793) la création d'un tri-

bunal révolutionnaire pour le jugement de tous les traîtres, conspirateurs et contre-révolutionnaires, institution utile dans sa première forme, mais dont l'esprit de parti, en la dénaturant, devait faire un instrument de vengeance et d'iniquité.

C'est alors que Dumouriez opère sa défection et passe à l'ennemi. Depuis longtemps, Danton se méfiait de ce général, mais il connaissait ses talents, son activité. Il croyait utile de prendre au mot ses déclarations républicaines et de l'attacher ainsi, malgré lui, à la Révolution. Ce fut une cruelle désillusion, quand l'horrible nouvelle de cette trahison éclata dans Paris. Les Girondins, dans leur douleur, furent assez injustes pour accuser Danton de complicité.

Attaqué dans son honneur, Danton dut rompre avec la Gironde et rendre coups pour coups dans son discours du 1er avril 1793. Lasource, un modéré fanatique, avait traîné le grand patriote dans la boue, affirmant qu'il connaissait, favorisait les projets infâmes de Dumouriez et qu'il avait vendu la Révolution pour trois cent mille écus.

« A-t-on pu croire un instant, répondit Danton, a-t-on eu la stupidité de croire que moi je me sois coalisé avec Dumouriez ? Contre qui Dumouriez s'élève-t-il ? Contre le tribunal révolutionnaire : c'est moi qui ai provoqué l'établissement de ce tribunal. Dumouriez veut dissoudre la Convention. Quand on a proposé, dans le même objet, la convocation des assemblées primaires, ne m'y suis-je pas opposé ? Si j'avais été d'accord avec Dumouriez, aurais-je combattu ses projets de finances sur la Belgique ? Aurais-je déjoué son projet de rétablissement des trois États ? Les citoyens de Mons, de Liège, de Bruxelles diront si je n'ai pas été redoutable aux aristocrates, autant exécré par eux qu'ils méritent de l'être...

« A qui Dumouriez a-t-il déclaré la guerre ? Aux sociétés populaires. Qui de nous a dit que sans les sociétés populaires, sans le peuple en masse, nous ne pourrions nous sauver ?

« De telles mesures coïncident-elles avec celles de Dumouriez ou la complicité ne serait-elle pas plutôt de la part de ceux qui ont calomnié à l'avance les commissaires pour faire

manquer leur mission ? (*Applaudissements*). Qui
a pressé l'envoi des commissaires ? Qui a accéléré
le recrutement, le complétement des armées ?
C'est moi ; moi, je le déclare à toute la France,
qui ai le plus puissamment agi sur ce complétement. Ai-je, moi, comme Dumouriez, calomnié les soldats de la liberté qui courent en
foule pour recueillir les débris de nos armées ?
N'ai-je pas dit que j'avais vu ces hommes intré-
pides porter aux armées le civisme qu'ils avaient
puisé dans l'intérieur ? N'ai-je pas dit que cette
portion de l'armée, qui, depuis qu'elle habitait
sur une terre étrangère, ne montrait plus la
même vigueur, reprendrait, comme le géant
de la fable, en posant le pied sur la terre de
la liberté, toute l'énergie républicaine ? Est-ce là
le langage de celui qui aurait voulu tout désor-
ganiser ? N'ai-je pas montré la conduite d'un
citoyen qui voulait vous tenir en mesure contre
toute l'Europe ?»

Son crime, c'est d'aimer Paris, ce Paris dont
quelques Girondins rêvent la destruction. « Eh
bien ! dit-il, quand Paris périra, il n'y aura plus
de République. Paris est le centre constitué et

naturel de la France libre. C'est le centre des lumières. »

Les Girondins ne voulaient pas comprendre que, dans cette lutte héroïque de la France contre son passé monarchique et contre l'Europe coalisée, la dictature provisoire de Paris était indispensable à un pays divisé, la veille encore, en provinces dont quelques-unes, comme la Bretagne, la Provence, formaient des nations dans la nation. C'est pour créer la patrie *une* que la Constituante avait supprimé les provinces ; c'est pour conserver cette unité, c'est pour donner à ce grand corps nouvellement formé une cohésion qui défiât les efforts des fédéralistes et des royalistes, et une force de résistance contre les assauts furieux de l'étranger, que les Jacobins de Paris couvrirent toute la France de leurs mille succursales, imposèrent partout le mot d'ordre aux patriotes, et, en soufflant jusqu'aux extrémités du territoire leur foi et leur énergie, inspirèrent à toute la nation une même âme et sauvèrent ainsi la Révolution. Certes, en temps de paix, aujourd'hui, cette dictature parisienne serait déplorable, funeste, et il la faudrait combattre : elle fut le salut dans cette crise effroyable où la France nouvelle naquit douloureusement de la France ancienne. Les Girondins, honnêtes et myopes, ne voyaient ni si loin ni si haut. « Paris, disaient-ils, n'est qu'un département comme les autres : il faut le réduire à son quatre-vingt-sixième d'influence. »

Sans aller jusqu'à la naïve adoration du bon Anacharsis Cloots qui regardait Paris comme la Mecque du genre humain, Danton répondait sagement à ceux qui voulaient annihiler la capitale : « Le peuple de Paris, peuple instruit, peuple qui juge bien ceux qui le servent, peuple qui se compose de citoyens pris dans tous les départements..., sera toujours la terreur des ennemis de la liberté... Paris est le centre où tout vient aboutir ; Paris sera le foyer qui recevra tous les rayons du patriotisme français et en brûlera tous les ennemis... On n'entendra plus de calomnies contre une ville qui a créé la liberté, qui ne périra pas avec elle, mais qui triomphera avec la liberté et passera avec elle à l'immortalité. »

C'est en vain que Danton avait essayé de faire

comprendre aux Girondins la nécessité politique de cette dictature provisoire de Paris. Surtout, il les avait adjurés de dépouiller leur défiance pour la démocratie, de moins écouter leurs instincts trop délicats, d'être enfin *peuple* :

« Je dois vous dire la vérité, s'était-il écrié le 27 mars 1793, je vous la dirai sans mélange ; que m'importent toutes les chimères que l'on peut répandre contre moi, pourvu que je puisse servir la patrie ! Oui, citoyens, vous ne faites pas votre devoir. Vous dites que le peuple est égaré ; mais pourquoi vous éloignez-vous de ce peuple ? Rapprochez-vous de lui, il entendra la raison. La révolution ne peut marcher, ne peut être consolidée qu'avec le peuple. Le peuple en est l'instrument, c'est à vous de vous en servir. En vain dites-vous que les sociétés populaires fourmillent de dénonciateurs absurdes, de dénonciateurs atroces. Eh bien ! que n'y allez-vous ? Une nation en révolution est comme l'airain qui bout et se régénère dans le creuset. La statue de la liberté n'est pas fondue. Ce métal bouillonne, si vous n'en surveillez le fourneau, vous serez tous brûlés. »

Et il terminait par ces admirables exhortations :

« J'insiste sur ce qui est plus qu'une loi, sur ce que la nécessité vous commande : Soyez peuple. Que tout homme qui porte encore dans son cœur une étincelle de liberté, ne s'éloigne pas du peuple. Nous ne sommes pas ses pères, nous sommes ses enfants. Exposons-lui nos besoins et ses ressources, disons-lui qu'il sera inviolable, s'il veut être uni. Qu'on se rappelle l'époque mémorable et terrible du mois d'août. Toutes les passions se croisaient. Paris ne voulait pas sortir de ses murs. J'ai, moi, car il faut bien quelquefois se citer, j'ai amené le conseil exécutif à se réunir à la mairie avec tous les magistrats du peuple. Le peuple vit notre réunion, il la seconda, et l'ennemi a été vaincu. Si l'on se réunit, si l'on aime les sociétés populaires, si l'on y assiste, malgré ce qu'il peut y avoir en elles de défectueux, car il n'y a rien de parfait sur la terre, la France reprendra sa force, redeviendra victorieuse, et bientôt les despotes se repentiront de ces triomphes éphémères qui n'auront été que plus funestes pour eux. »

A ces avances fraternelles, les Girondins répondirent, nous l'avons vu, par l'accusation calomnieuse de Lasource. Dès lors Danton dut abandonner ces obstinés aux colères de la Montagne, et la lutte fratricide s'engagea sans pitié entre la droite et la gauche de la Convention.

Le 9 avril, une section de Paris vint solliciter à la barre la mise en accusation des Girondins. Ceux-ci ripostèrent en demandant que le président et les secrétaires de la section coupable fussent traduits au tribunal révolutionnaire. Danton s'y opposa en termes éloquents.

« C'est une vérité incontestable, dit-il, que vous n'avez pas le droit d'exiger du peuple ou d'une portion du peuple plus de sagesse que vous n'en avez vous-mêmes. Le peuple n'a-t-il pas le droit de sentir des bouillonnements qui le conduisent à un délire patriotique, lorsque cette tribune semble continuellement être une arène de gladiateurs ? N'ai-je pas été moi-même, tout à l'heure, assiégé à cette tribune ? Ne m'a-t-on pas dit que je voulais être dictateur ? »

Et il rappelle que des administrateurs du Finistère ont demandé sa tête ? Est-ce la peine de sévir contre ces fous? Qu'on fasse abstraction des choses exagérées, insensées qui se trouvent dans les pétitions populaires, pour regarder au fond. On trouvera, dans ce langage naïf et sauvage, des vérités sévères *(et depuis quand vous doit-on des éloges?)* mais utiles. Il faut en profiter pour faire son devoir, achever l'œuvre révolutionnaire, et répondre aux pétitions en sauvant la patrie :

« Oui, je le déclare, dit-il, vous seriez indignes de votre mission, si vous n'aviez pas constamment devant les yeux ces grands objets : vaincre les ennemis, rétablir l'ordre dans l'intérieur, et faire une bonne constitution. Nous la voulons tous, la France la veut; elle sera d'autant plus belle qu'elle sera née au milieu des orages de la liberté; ainsi un peuple de l'antiquité construisait ses murs, en tenant d'une main la truelle, et de l'autre l'épée pour repousser les ennemis. »

Le 2 juin, le peuple de Paris vint arracher à la Convention un décret qui mettait les principaux Girondins en arrestation chez eux. Les uns s'échappèrent et allèrent en province fomenter la guerre civile. Les autres restèrent à Paris et, jugés enfin par un tribunal devenu inique, ils expièrent les fautes de leurs amis et montèrent sur l'échafaud.

Robespierre ne fut pas étranger à cette condamnation odieuse et impolitique. Mais Danton n'y fut pour rien : il sentit quelle perte faisait la République, et il versa des larmes sincères sur Vergniaud, sur Brissot, et sur tous ces bons patriotes, dont la seule faute était de n'avoir pas compris la nécessité de l'union en face de l'étranger.

Danton continua son œuvre sans ambition personnelle. Un instant membre du Comité de salut public, il renonça à cet honneur si recherché : « Je ne veux, disait-il, être membre d'aucun comité, mais je serai l'éperon de tous. » En effet, il portait son activité sur les objets les plus divers, finances, armée, diplomatie, instruction publique.

Il attachait la plus haute importance à la question de l'éducation nationale, et ses discours à ce sujet ne sont pas les moins beaux de son œuvre oratoire. Le 13 août 1793, il démontra la nécessité d'instruire le peuple : « Après la paix, dit-il, l'éducation est le premier besoin du peuple. » Le 12 décembre suivant, il pose en ces termes le principe de l'instruction obligatoire :

« Il est temps de rétablir ce grand principe qu'on semble méconnaître : que les enfants appartiennent à la République avant d'appartenir à leurs parents. Personne plus que moi ne respecte la nature. Mais l'intérêt social exige que là seulement doivent se réunir les affections. Qui me répondra que les enfants, travaillés par l'égoïsme des pères, ne deviennent dangereux pour la République ? Nous avons assez fait pour les affections ; nous devons dire aux parents : nous ne vous arrachons pas vos enfants ; mais vous ne pourrez les soustraire à l'influence nationale.

» Et que doit nous importer la raison d'un individu devant la raison nationale ? Qui de nous ignore les dangers que peut produire cet isolement perpétuel ? C'est dans les écoles nationales que l'enfant doit sucer le lait républicain. La République est une et indivisible. L'instruction publique doit aussi se rapporter à ce centre d'unité. »

Le gouvernement qu'il rêvait, aurait aussi encouragé les arts : « Nous n'avons point fondé, disait-il, une République de Visigoths ; après l'avoir solidement instruite, il faudra bien s'occuper de la décorer. »

Mais, si convaincu qu'il fût du droit de l'État de forcer le peuple à s'instruire, il n'en était pas moins partisan de la liberté de conscience. En pleine lutte, alors que le clergé se révoltait ouvertement contre la République, il s'opposa à toute tentative contre le libre exercice de la religion catholique. « Si la superstition, dit-il le 19 avril 1793, semble encore avoir quelque part aux mouvements qui agitent la République, c'est que la politique de nos ennemis l'a toujours employée ; mais regardez que partout le peuple, dégagé des impulsions de la malveillance, reconnaît que quiconque veut s'interposer entre lui et la divinité, est un imposteur. Partout on a demandé la déportation des prêtres fanatiques et rebelles. Gardez-vous de mal présumer de la raison nationale ;

gardez-vous d'insérer un article qui contien-
drait cette présomption injuste; en passant à
l'ordre du jour, adoptez une espèce de question préalable sur les prêtres, qui vous honore
aux yeux de vos concitoyens et de la postérité.»

Si Danton songe à l'avenir, il n'oublie jamais
les nécessités présentes et surtout la lutte dé-
fensive de la France contre l'Europe. Sans
cesse il s'efforce de tourner les yeux des héber-
tistes, des robespierristes, des modérés, vers
la frontière où se joue la destinée de la nation.
Il n'est pas un discours de lui qui soit d'un
homme de parti, d'un ambitieux, d'un sectaire:
il voudrait envoyer à l'armée, devant l'ennemi,
tous ces rivaux qui luttent d'influence au
club, à la Commune, dans les comités. Il croit
que ces partis irréconciliables peuvent du
moins s'unir contre l'Allemand et ajour-
ner leur querelle après la victoire. Mais il
n'aime pas la guerre pour la guerre, et, le
13 juin 1793, il pose ce principe *que le peuple
français ne peut jamais faire de guerre offensive.*
Sans doute la France a pris l'initiative de la
guerre contre l'Europe, mais c'est pour pré-

venir des préparatifs dirigés contre elle :
« Quand je vois un ennemi qui me couche en
joue, je tire sur lui le premier, si je peux, et
je ne fais en cela que me défendre. »

Mais l'espace nous manque pour présenter un
tableau complet de la politique dantonienne.
Rappelons seulement que la France doit à
Danton les rudiments d'organisation, qui, en 92
et 93, assurèrent son salut. C'est Danton qui fit
voter la levée en masse, la grande réquisition ;
c'est lui qui établit et consolida l'armée sans-
culotte qui fit la campagne de l'an II. En
août 1793, il fit ériger le Comité de salut
public en gouvernement, tout en refusant
d'en faire partie. Plus tard, il fit décréter
l'ajournement de la Constitution de 93 et le
maintien de la dictature du Comité jusqu'à la
paix. Sans ces mesures, dont Danton est l'auteur,
la France, livrée à l'anarchie, n'aurait pu résis-
ter à l'Europe et la Révolution aurait été étouffée
dans le sang.

VI

CHUTE ET MORT DE DANTON

Enfin la France est victorieuse; la Révolution semble fondée; à coup sûr cet échafaud qu'un sang royaliste, parfois républicain, toujours français, arrose sans cesse sur la place de la Révolution; cet échafaud que le peuple, devenu roi, a élevé pour tuer ses ennemis comme les rois tuaient les leurs, cet échafaud ne répond plus aux sentiments de la nation. Une pitié envahit les cœurs; mais la peur contient le cri de clémence prêt à s'échapper. Camille Desmoulins, au commencement de 1794, a le courage de pousser ce cri qui a honoré sa vie. Danton est son ami, son conseiller. Déjà la confiance publique se tourne avec joie vers les Dantonistes. Robespierre voit le mouvement; son orgueil s'en inquiète, sa jalousie pour Danton devient de la haine.

Les patriotes veulent prévenir ce duel à mort qui va perdre la République. Une entrevue est ménagée aux deux rivaux, à la table d'un ami commun. Ils s'expliquent, et Danton, dont un des convives nous a conservé les paroles, reproche à Robespierre, avec une cordiale franchise, de s'isoler au sein d'une coterie dont il partage les aveugles rancunes :

— « Oui, dit-il à Robespierre, puisque les circonstances me mettent à même de te dire ce que je pense en présence de patriotes qui, comme nous, sont des vétérans de la Révolution, je crois que voilà les causes de ta conduite envers moi. Je ne me suis jamais plaint de tous les absurdes propos qu'on a débités sur mon compte, tant relativement aux missions dont j'ai été chargé dans la Belgique qu'à la fortune qu'on prétend que j'ai acquise, parce que je ne me suis jamais occupé de ce qui m'était personnel, et que tout le monde sait que, non seulement je n'ai point augmenté ma fortune, qui est très médiocre, mais que j'ai sacrifié une partie de celle que j'avais avant la Révolution. Cependant, comme je ne doute pas que tu n'aimes et ne serves ton pays de bonne foi, je dois te le dire, j'ai souvent gémi de ton extrême crédulité et de la facilité avec laquelle, d'après les bavardages de quelques imbéciles, ou les insinuations perfides de quelques intrigants, tu parais croire au crime, en te voyant presque continuellement fatiguer et troubler la Convention par le récit de prétendues conspirations, qui ne sont que le fruit de ton imagination trop facile à alarmer ou le résultat des combinaisons les plus atroces. Je ne te parle pas sans raison ; je sais quels sont les projets des deux charlatans dont je t'ai parlé ; mais je connais aussi leur lâcheté, et ils n'ont point assez de courage pour m'attaquer : ils ne l'oseraient ! — Crois-moi, Robespierre, secoue l'intrigue, réunis-toi avec les patriotes, marchons tous de bonne foi, sur la même ligne ; oublions nos ressentiments, pour ne voir que la patrie, ses besoins et ses dangers ; imitons nos frères d'armes qui combattent aux frontières : serrons-nous, et nos ennemis du dehors seront bientôt vaincus et soumis ; à l'égard de ceux du dedans, ils ne sont pas assez nombreux, quoi qu'on en dise, pour être aussi dangereux que de certaines personnes voudraient nous le faire croire ; ayons sans cesse les yeux ouverts sur eux, punissons les coupables, les chefs ; mais pardonnons à l'erreur, et tu verras que la République, triomphante et respectée au dehors, sera bientôt aimée au dedans par ceux-là même qui, jusqu'ici, s'en sont montrés les ennemis. »

— « Mais avec tes principes et ta morale, lui observa Robespierre qui jusqu'alors avait gardé le silence le plus froid, on ne trouverait donc jamais de coupables à punir ? »

— « En serais-tu fâché, Robespierre, lui répond Danton, avec cet accent de l'âme et du cœur qu'on lui connaissait, qu'il n'y ait point de coupables à punir ?... »

« La réconciliation, ajoute le témoin oculaire auquel nous devons ce récit, parut néanmoins être complète. On s'embrassa. Danton y mit de l'effusion ; il était attendri ; nous étions tous émus : eh ! pouvions-nous ne pas l'être ? Nous ne pensions qu'à la patrie, nous ne voyions que la liberté, la République : Robespierre seul resta froid comme le marbre. »

Robespierre sortit de cette entrevue plus haineux qu'auparavant, plus disposé que jamais à faire aux dantonistes un grief capital de leur généreux appel à la clémence.

Certes, il est pour la clémence, lui aussi ; mais il veut l'inaugurer lui-même, et, afin de la confisquer à son profit, il envoie à l'échafaud Danton et ses amis.

Comment lui fut-il possible d'accomplir cet acte de tyrannie ? Grâce au Comité de salut public, dont on a vu que Danton s'était abstenu de faire partie ; grâce au Tribunal révolutionnaire, qu'il avait peu à peu composé de ses créatures; grâce à la peur publique qu'il exploita savamment. Lui aussi, cependant, ce fanatique, ce mélancolique, il avait rendu des services à la Révolution : c'est son orgueil de sectaire qui le jeta dans ce crime d'assassiner Danton !

Cependant des amis eurent le temps d'informer le grand patriote de ce qui se tramait : « Fuyez, lui disaient-ils. — Eh quoi ! répondit-il, emporte-t-on sa patrie sous la semelle de ses souliers ? »

Arrêté et traduit au Tribunal révolutionnaire avec Camille Desmoulins, Fabre d'Eglantine, Hérault de Séchelles et d'autres patriotes, auxquels on avait perfidement mêlé un ou deux coquins, Danton se défendit avec puissance. On l'accusait de royalisme, de vénalité : « Moi vendu, s'écria-t-il. Un homme de ma trempe est impayable! La preuve?... » On se garda bien de la lui donner. Entre autres griefs absurdes, on lui reprochait, à lui l'auteur du 10 août, d'avoir fui à Arcis, avant le 10 août, par peur... Et, en effet, prévoyant qu'il allait risquer sa vie, il s'était rendu alors dans sa ville natale et y avait pris des dispositions pour que sa mère fût, quoi qu'il arrivât, à l'abri du besoin.

Cette défense émouvait le public et la voix de Danton retentissait jusque sur le quai de la Seine où la foule se pressait. Alors on lui ferma la bouche, on lui refusa des témoins, on extorqua à la Convention, sur un rapport mensonger, un décret qui mettait les accusés hors des débats.

Condamnés, ils furent conduits presque aussitôt à l'échafaud (5 avril 1794). Danton eut un

instant d'émotion, au souvenir de sa femme et
de ses enfants. Mais on l'entendit murmurer :
« Allons, Danton, pas de faiblesse ! » Et il releva

Danton sur l'échafaud, avec Camille Desmoulins, Fabre d'Eglantine
et Hérault de Séchelles.

fièrement la tête. Comme il voulait embrasser
un de ses compagnons avant de mourir et que le
bourreau s'y opposait : « Empêcheras-tu, dit-il,
nos deux têtes de se toucher tout à l'heure dans
le même panier ? »

Tel fut Danton, grand patriote et grand politique. Hélas! il emporta dans sa tombe l'esprit de sagesse et l'esprit de concorde, qui auraient pu nous préserver de Bonaparte et du retour des Bourbons.

Mais il laisse aux hommes d'aujourd'hui des exemples précieux. Sa vie enseigne à se dévouer pour la France sans ambition personnelle, à conserver la gaieté dans l'héroïsme, le bon sens dans l'enthousiasme patriotique, la tolérance et la bonté jusque dans l'ardeur des luttes politiques. Sa foi, assez vive pour soulever un peuple, ne ressembla jamais au fanatisme sec, intolérant, stérile de Robespierre. Il avait cette idée haute et sage, que dans tous les partis il y a des Français qui aiment la France et que le but suprême de la politique, surtout dans un pays menacé par un ennemi puissant, c'est de réaliser l'union de tous les bons patriotes. A la fin de sa vie, quand déjà ses ennemis le harcelaient, il ne s'en efforçait pas moins, aux Jacobins, à la Convention, de prêcher la fraternité, avec un zèle, une abnégation admirables. C'est alors qu'il

prononça ce mot toujours vrai, toujours oppor-
tun, et que nos jeunes lecteurs ne devront jamais oublier : « L'ennemi est à nos portes, et
nous nous déchirons les uns les autres ! Toutes
nos altercations tuent-elles un Prussien ? »